INTRODUCTION

A L'OUVRAGE DES

RÉVOLUTIONS FRANÇAISES

DEPUIS 1789 JUSQU'A NOS JOURS,

Par J.-B.-P. DEICHE,

Ancien Magistrat.

PERIGUEUX

IMPRIMERIE CHARLES RASTOUIL, RUE TAILLEFER, 31.

1878.

INTRODUCTION

A L'OUVRAGE DES

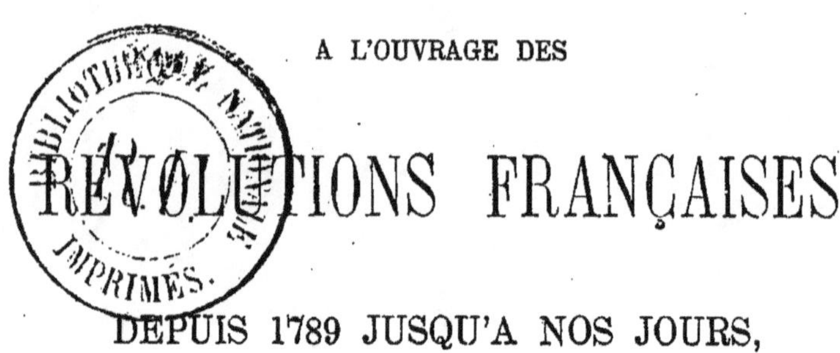

RÉVOLUTIONS FRANÇAISES

DEPUIS 1789 JUSQU'A NOS JOURS,

Par J.-B.-P. DEICHE,

Ancien Magistrat.

PERIGUEUX

IMPRIMERIE CHARLES RASTOUIL, RUE TAILLEFER, 31.

—

1878.

DÉDICACE.

A mes chers petits enfants, Marie-Berthe et Jules

C'est pour vous, mes amis, que je fais paraître ce résumé des principaux personnages et des faits les plus saillants de notre glorieuse et terrible Révolution de 1789. Je l'ai puisé, en partie, dans l'ouvrage d'un illustre écrivain, de l'homme que la France entière devrait bénir pour tous les services signalés qu'il lui a rendus pendant la désastreuse guerre de 1870, et surtout pour ce qu'il a fait pour réparer ces immenses désastres. C'est nommer le patriote par excellence, le célèbre M. Thiers, qui voulait bien m'honorer de sa bienveillance. J'ai de lui plusieurs lettres que je vous transmettrai comme le plus précieux héritage.

Lisez quelquefois, mes jeunes et charmants amis, les pages que j'ai écrites pour vous. Privé du bonheur de vous voir souvent, il me semblait, en quelque sorte, vous avoir sous les yeux en écrivant pour vous. Que ce modeste travail puisse vous inspirer le goût de l'étude. C'est, croyez-m'en, la plus noble distraction, en même temps que le plus grand soulagement pour nos chagrins.

Lisez aussi souvent des livres bien plus précieux. Vous y verrez que la richesse ne doit jamais inspirer l'orgueil. Usez de celle qui vous est destinée à soulager avec discernement les malheureux. Votre bon cœur me répond que je serai écouté.

Ce que je vous recommande, avant tout, mon excellente Marie-Berthe et mon bon petit Jules, c'est d'avoir, quoi qu'il puisse arriver, le plus profond respect pour la plus tendre des mères, ainsi que pour l'incomparable grand'mère, et pour votre père. Qu'ils ne puissent surtout jamais, même soupçonner, qu'ils ont perdu votre affection. Il n'est pas de plus affreux supplice.

Pesez bien, mes jeunes et jolis amis, mes recommandations, qui sont presque des dispositions testamentaires; elles traduisent fidèlement l'état de mon cœur, qui ne cessera de battre pour vous qu'au moment terrible de la mort.

PRÉFACE.

Avant de retracer notre mémorable Révolution de 89, qui a été une véritable régénération pour la France, je suis bien aise de démontrer que, de libéral que j'ai toujours été, je suis progressivement devenu républicain sincère et dévoué. Il me suffira d'abord de mettre sous les yeux du lecteur deux brochures publiées en 1874 et en 1876.

Voici la première :

MON CHER ET EXCELLENT AMI,

Je suis franchement libéral depuis de longues années, et pourtant je n'ai, je dois en convenir, que peu de goût pour le suffrage universel. Pourquoi ? C'est que les électeurs, en général, ne peuvent, faute d'instruction, se rendre compte de leurs votes, et qu'ils sont infailliblement à la merci de tous les partis. Il n'en sera pas heureusement ainsi lorsqu'une instruction gratuite et obligatoire sera, partout et sur la plus vaste échelle, répandue dans le pays.

Mais il ne s'agit pas d'aimer l'intégrité du suffrage

universel ; il s'agit de voir si on peut l'attaquer. Or, on ne le peut que de deux façons : par adresse ou à force ouverte.

Par adresse ? On a essayé au 31 mai 1850, et l'on se rappelle ce qu'il en a coûté.

A force ouverte ? Le moment n'est pas bon pour un pareil essai, par la raison qu'il y a déjà vingt-cinq ans que le suffrage s'exerce ; et si quelques-uns, un bon nombre même, semblent y avoir peu de goût, la partie la plus ardente de la population en use et y tient ; il y aurait donc à dépouiller ceux qui sont le moins disposés à se laisser faire.

Faute d'audace, toute adresse se réduit à chicaner l'électeur sur le domicile ; or, la recherche du domicile ne peut, en conscience, avoir pour but que de constater qu'un citoyen ne vote pas en deux endroits à la fois ; exiger la durée du domicile comme une garantie de moralité, et prétendre à moraliser le suffrage, c'est s'attribuer le droit de fixer d'autres conditions, toutes celles qu'on voudra, pour marquer qu'un électeur est suffisamment moral. S'imaginer, comme on veut avoir l'air de le croire, qu'on réussira dans cette entreprise est une pure utopie.

Les plus grandes finesses ne serviront donc à rien qu'à irriter le suffrage universel ; or, le suffrage universel est un terrible animal qu'il est imprudent d'agacer. Se sent-on du courage ? Veut-on marcher droit contre lui et le détruire ? Une assemblée toute neuve ne le pourrait pas ; à plus forte raison une vieille assemblée ; je dis vieille, quoiqu'elle n'ait encore que trois ans, car elle est moralement loin de son origine, et chacune des élections partielles qui ont eu lieu depuis qu'elle existe a mis une ride sur son front. Ajoutons que, partagée par moitié, elle est incapable de donner de l'autorité à un acte de cette importance. Une loi contre le suffrage universel serait une loi posthume et mort-née.

Bon gré, mal gré, il faut donc se résigner au suffrage universel, et, puisqu'il en est ainsi, s'arranger pour qu'il fasse aussi peu de mal et autant de bien qu'il en est capable. Est-il sûr que les prochaines élections générales seront aussi effrayantes qu'on affecte de le dire ? Non, cela n'est pas sûr. Il y a toujours une grande différence entre des élections générales et des élections partielles.

Dans les élections partielles, quand on est mécontent du pouvoir ou de l'Assemblée, on choisit les candidats qui leur sont le plus désagréables ; on prend ses candidats dans les extrêmes, pour que personne ne s'y trompe ; on les prend des couleurs les plus criantes, pour que ceux à qui on les adresse les voient mieux ; ce sont des votes de colère et de défi.

Dans les élections générales, c'est autre chose ; on songe, après tout, que de la future assemblée dépend la fortune publique et privée ; qu'il dépend de maintenir la paix ou de voter la guerre, guerre étrangère ou civile ; d'enrichir ou de ruiner le pays ; qu'il ne s'agit pas ici d'un caprice à se passer, mais d'un mariage qui peut être bon, s'il est bon, et, s'il est mauvais, très-mauvais ; malgré ses passions, à moins d'être un forcené, on réfléchit.

Aussi est-on constamment étonné, quand on sort d'une élection générale, qu'elle soit ce qu'elle est, qu'elle représente une certaine moyenne de sagesse, qui s'est dégagée des excès contraires. Prenons les Assemblées créées depuis 1848, depuis les temps orageux du suffrage universel ; il n'y en a pas une qui ait pu paraître un instrument de bouleversement général.

Sans être absolument tranquille sur la prochaine Assemblée, je suis bien loin d'avoir les terreurs anticipées de beaucoup de personnes. Nous possédons, en effet, un moyen d'empêcher que cette Assemblée ne soit aussi redoutable qu'on en a peur, c'est de préparer de bonnes élections partielles. Que faut-il pour cela ? Il n'est pas difficile de le reconnaître ; puisqu'il est certain que la prochaine Assemblée sera républicaine, il ne faut pas mettre la question entre la République et la monarchie, mais entre la République raisonnable et la République déraisonnable. Les hommes prudents, et qui veulent, avant tout, le repos du pays, ont une conduite évidemment tracée : prendre leur parti du suffrage universel et de la République, et tâcher que le suffrage universel nous donne une République avec laquelle on puisse vivre. Telle est ma politique, toute simple, toute modeste, dont la seule prétention est de voir ce qui est seul possible.

Sera-ce la légitimité ?

On ne peut, sans une souveraine injustice, prétendre que la France a été sans gloire sous nos anciens rois. Sans faire l'énumération de toutes ces mémorables victoires, on peut dire que le drapeau blanc, sous Louis XIV, brilla, sur le Rhin, d'un tout autre éclat que ne brilla naguère le drapeau tricolore, par suite de l'impéritie et des crimes du second Empire.

Il faut dire aussi que, de 1815 à 1830, la monarchie légitime a donné quinze ans de paix profonde et cependant glorieuse à la France. Sans vouloir faire des rapprochements illusoires, il est certain néanmoins qu'elle avait gardé en Europe, après le désastre de Waterloo, un rang et une importance qu'elle n'a plus aujourd'hui ; quand on faisait la Sainte-Alliance contre elle, on la redoutait encore.

Cette monarchie s'écroula, après avoir donné l'Algérie à la France. Si elle n'emporta pas les regrets du peuple, on doit dire, en toute vérité, que son exil arracha et arrache encore des larmes amères à des hommes aussi haut placés par leur fortune que par leur probité.

Ne pouvant plus, glacés par l'âge, manier l'épée, ils n'ont pas hésité un instant, ces braves légitimistes, à envoyer, sans regarder la couleur du drapeau, leurs fils défendre le pays envahi par les barbares ; habitués, dès l'enfance, à toutes espèces de jouissances, n'écoutant que la voix de l'honneur, ces vaillants jeunes gens ont dit de suite adieu à leurs châteaux et à tous les plaisirs de Paris. Ils veulent, à l'instar des républicains les plus énergiques, être les premiers au feu, et on les voit, pour la plupart, parmi ces héroïques zouaves pontificaux dont la mine martiale frappa d'admiration Gambetta ; ils sont presque tous morts, ces braves enfants, regrettés de tous les Français, sans distinction.

Que Dieu fasse que leurs pères, continuant leurs sacrifices, reconnaissent enfin que la légitimité ne peut plus régner en France ! C'est, sans doute, ce que voit le comte de Chambord lui-même ; il n'est si peu empressé à saisir le trône, que parce qu'il est bien convaincu qu'il ne peut l'atteindre ou le conserver qu'à l'aide de flots de sang français. L'histoire dira d'Henri V que l'homme le plus honnête de son siècle n'a pas voulu, comme un autre grand criminel, ensanglanter les pavés de la capitale.

La légitimité n'étant pas possible, voyons s'il en est de même de la monarchie contractuelle.

Ce nouveau mode de gouvernement s'établit en 1830 ; et après quelques années d'angoisses, de luttes sanglantes, la famille d'Orléans s'affermit. L'origine était irrégulière ; mais les Stuarts n'avaient-ils pas été détrônés, et les conspirateurs de la maison de Brunswick n'avaient-ils pas fait de l'Angleterre la reine des mers, et presque l'arbitre de l'Europe ! On disait qu'après tout, les Capétiens avaient violé le droit des Carlovingiens, comme ceux-ci le droit des Mérovingiens.

Après quelque temps, la fortune publique se développe ; la création des chemins de fer vient offrir un appât nouveau à l'activité, à l'audace de nos hommes d'affaires et de nos capitalistes. La prospérité règne partout, et l'on peut dire, sans exagération, que le pays regorgerait de milliards si ces imbéciles de bourgeois, qui régnaient presque depuis 1830, n'avaient voulu se donner la fantaisie d'une révolution. 1848 éclate, et Louis-Philippe part pour l'exil, ne voulant pas voir couler une seule goûte de sang français. Le peuple qu'il avait fait riche, heureux, l'oublie ; et quand le roi exilé meurt, à peine quelques amis suivent le cercueil déposé dans un coin obscur de la terre étrangère.

Ce serait une grave erreur de croire que bon nombre de Français ne s'est pas souvenu depuis de ce roi si peu partisan de la guerre, de cette sainte reine vénérée de tous, de cette belle et noble famille dont les enfants, élevés avec les nôtres, se sont montrés si vaillants dans nos armées de terre et de mer. Que de fois n'ai-je pas entendu dire : « Si la République de 1848 ne peut s'établir, « nous en aurons presque une avec le comte de Paris. »

La fatalité en avait décidé autrement. Un homme, qui n'avait fait que conspirer toute sa vie, tente, un jour, un coup de main, bien mené, qui réussit ; l'Empire est fait ; et je dirai bientôt toutes les calamités qu'il a entraînées sur notre chère France, après s'être effondré dans la honte.

Sera-ce une raison pour que, ne voulant ni ne pouvant rétrograder avec la branche aînée des Bourbons, elle crée avec la branche cadette une monarchie contractuelle, une République, pour ainsi dire, à l'instar de la Belgique ?

C'eût été possible sans deux fautes énormes de la part des princes d'Orléans.

La première, c'est qu'après avoir fait constater leurs droits, ils n'aient pas offert les cinquante millions à la France pour la libération de son territoire.

La seconde, c'est que, reniant la vie de leurs pères, ils ne se soient pas montrés fidèles aux principes sacrés de 89.

La légitimité, pas plus que la monarchie constitutionnelle, ne pouvant se fonder en France, voyons ce qu'il faut dire de l'Empire.

Rappeler l'Empire ! Ce n'est que la rougeur de la honte au front qu'on peut seulement poser la question. A-t-on donc oublié si vite que c'est une famille néfaste, qui nous a attiré par trois fois l'infamie et les horreurs de l'invasion !

Je sais bien que les napoléoniens ne savent que vous parler des années heureuses qui se sont écoulées ; mais l'histoire équitable ne manquera de se demander si ce bonheur n'est point la conséquence des progrès naturels de la richesse, de l'industrie commune ; si l'élan donné aux affaires par la Restauration, à l'esprit d'entreprise par Louis-Philippe, ne devait pas forcément aboutir à cette prospérité prodigieuse dont l'Empire a eu l'honneur et le profit.

Il faudra bien parler aussi de toutes ces guerres incessantes qui minaient nos finances, et qui ont eu lieu malgré cette infâme menterie de Bordeaux, *l'Empire, c'est la paix ;* de la folie du Mexique ; de l'infortuné Maximilien, abandonné et fusillé ; de l'imprudente chimère des nationalités dont la France a été le champion en Italie et la victime en Allemagne.

Il faudra bien avouer, enfin, quoique les bonapartistes militants hésitent beaucoup à le faire, que cette prospérité s'est écroulée un matin comme un château de cartes, sous le vent de désastres épouvantables, inouïs.

Comment, après tous ces revers, et même ces crimes, peut-on avoir l'audace de songer à relever l'Empire ! Outre les républicains, les conservateurs libéraux pourraient-ils jamais oublier qu'ils furent victimes du Deux-Décembre, et qu'ils souffrirent si longtemps de la tyrannie impériale !

Ils savent que ce qui est en jeu, c'est l'existence même de la patrie, c'est la vie ou la mort de la France. L'Empire, revenant après Sedan, après Metz, après les hontes, les ruines amoncelées, ne pourrait se maintenir à l'intérieur que par un déploiement de violences auprès desquelles le Deux-Décembre ne serait plus qu'un temps de mansuétude. C'est par centaines de mille qu'il faudrait compter les massacres, les transportations, les emprisonnements, les exils. La cruauté des séides du bonapartisme serait surexcitée jusqu'au délire par la nécessité d'imposer silence à tous ceux qui conservent au cœur le mépris et la haine de la dynastie néfaste.

Quant à la situation de la France à l'égard de l'étranger, il est clair que le jour où elle retomberait sous la griffe des césariens du bas-empire, elle serait virtuellement rayée de la liste des nations. Devenue un objet d'horreur et de risée, envahie bientôt et démembrée de nouveau, elle descendrait, avec son petit César de dix-huit ans, au rang de satellite et de tributaire du grand empire allemand.

En voilà sans doute assez pour prouver que l'Empire, bien moins que la légitimité et la monarchie constitutionnelle, ne peut jamais revenir en France.

Il faut donc loyalement convenir qu'il n'y a rien de possible que sur le terrain franchement accepté de la République. L'heure est venue de l'organiser, de lui donner cette situation officielle en quelque sorte qui lui manque encore, de l'entourer de garanties, de lui assurer le respect de tous, de la mettre au-dessus des caprices et des compétitions.

Un pays ne peut vivre longtemps sans s'attacher à une forme déterminée de gouvernement. Le provisoire qui nous mine, en paralysant toutes les affaires, touche à sa fin. Le moment est venu d'affirmer nettement cette forme, qui est la République, de la mettre au-dessus des retours imprévus et des fluctuations quotidiennes de l'opinion.

Mais je dois dire, avec la conviction la plus absolue, qu'on n'édifiera rien de durable, rien d'utile, rien de fécond sur le terrain de la République qu'avec le concours des conservateurs, et qu'on n'a ni le droit ni le pouvoir d'exclure de l'œuvre ceux qui offrent leur aide loyale.

Si l'on veut faire de la République le gouvernement

reconnu du pays, il faut donner aux intérêts conservateurs, aux principes sociaux, des garanties indiscutables. Il faut que l'établissement même de la République soit, pour tous les agents de travail, de prospérité, de grandeur, une garantie formelle de sécurité.

Qu'aurai-je gagné par mon article ? A faire dire partout que je ne suis qu'un juste-milieu. Comme je l'ai dit souvent à mes parents et amis, je déplais aux réactionnaires parce que je suis républicain, et aux républicains parce que je ne suis pas assez avancé. Je suis assez philosophe pour en prendre mon parti.

Adieu, mon bon ami, lis ma prose avec indulgence, et dis-toi toujours que je continue à aimer et à estimer infiniment des hommes qui sont loin de partager mes opinions politiques.

Tout à toi,

DEICHE.

Périgueux, le 6 août 1874.

Voici la seconde brochure, publiée en 1876, où commence à s'accentuer plus distinctement mon penchant républicain :

Lorsque fut rendu le funeste décret sur la limite d'âge des magistrats, je fus condamné à la retraite, après avoir siégé pendant trente-huit ans. J'eus alors l'honneur insigne de recevoir une lettre de M. Thiers. « Parmi, me disait-il, toutes les fautes du second Empire, la plus forte est celle qui a frappé la magistrature, qui va se voir privée de conseillers et de juges dont l'expérience et les lumières étaient une vraie sécurité pour les justiciables. Ce fatal décret, ajoutait-il, n'a qu'un but : peupler les cours et tribunaux de napoléoniens bien prononcés. »

Le gouvernement n'y manqua pas, et l'on vit des magistrats, peu éclairés, en général, monter sur leurs siéges avec leurs passions. Depuis l'installation de la République, ils ont tenu une conduite telle que des esprits sages et modérés se sont demandé si l'inamovibilité devait être maintenue. C'est là une question grave et délicate que je me propose de traiter plus tard. Qu'il me suffise, pour le moment, de dire qu'elle jure dans un état démocratique, qui n'admet pas de fonctions inamovibles.

Privé des occupations de la majeure partie de ma vie, j'ai eu la pensée d'écrire, pour l'instruction de mes chers petits-enfants, une analyse des Révolutions françaises, depuis 1789 jusqu'à nos jours. J'y ai consacré, pendant six ans, près de huit heures par jour. Ils me sauront gré, je l'espère, des recherches que je leur aurai épargnées, et que j'ai puisées dans un nombre infini de volumes.

J'ai dû nécessairement parler de la République, et j'ai proclamé bien haut, parce que c'est mon intime conviction, que cette forme de gouvernement est la plus raisonnable, attendu que c'est le gouvernement du pays par le pays.

Je dois dire néanmoins qu'il a existé, à plusieurs reprises, des préventions contre la République. Mais la faute en était aux républicains. Chaque fois qu'ils mettaient la main aux affaires, ils avaient agi comme des gens, sans doute, profondément convaincus et ardents à bien faire, mais aussi pénétrés de cette idée que, pour changer la face du monde, il suffit, comme il a été dit spirituellement, d'une bouteille d'encre et d'une rame de papier. Des faits existants, de l'opinion des autres, ils semblaient n'avoir nul souci : c'était tout un pour eux de formuler l'idéal et de le réaliser.

Et, chaque fois, ils avaient été incompris de la nation, et, chaque fois, ils avaient provoqué l'étonnement d'abord, puis la résistance. Et comme ils s'irritaient à leur tour qu'on résistât à des desseins dont l'excellence ne faisait pas doute pour eux, bientôt ils se perdaient dans la violence, et la nation, qui les avait au début accueillis avec enthousiasme, se détachait d'eux.

C'était là l'ancienne politique républicaine, celle qui dit superbement : « Tout de suite ou jamais ! Tout ou rien ! » Nous croyons, nous, qu'entre tout ou rien, il y a place pour quelque chose indéfiniment progressif. Nous croyons que, pour faire des conquêtes, il faut s'avancer, non du pas rapide qui convient à un explorateur, mais du pas sûr dont marchent les foules ; et c'est parce que les républicains, en général, se sont mis à ce pas, qu'ils ne sont plus isolés dans la France ; c'est pour cela qu'ils vont bientôt cesser d'être un parti, et que la nation elle-même se confondra avec eux.

Les institutions républicaines sont nées de deux causes, qui ont assuré leur établissement dans le passé, et qui les maintiendront dans l'avenir : la force des choses d'abord, et ensuite la transformation qui s'est produite dans la politique républicaine. Il suffit de faire l'histoire de ces dernières années pour montrer que la République était inévitable, que tous les efforts tentés pour la détruire n'ont servi qu'à la fortifier, qu'elle s'est imposée en quelque sorte à ses adversaires comme une nécessité. Entre elle et la dictature, il n'y avait plus de milieu. Le pays pouvait-il hésiter dans son choix ? Il aurait hésité cependant, si les républicains n'avaient pas opéré sur eux-mêmes une réforme sans laquelle la fondation de la République fût restée impossible. Ils ont aujourd'hui un bien beau rôle à jouer, s'ils savent s'y maintenir définitivement. A mesure qu'ils deviennent plus sages et plus modérés, leurs adversaires, s'emparant de leurs anciens procédés, se lancent dans la politique de casse-cou, qui est le signe de l'impuissance et le commencement du désespoir.

On voit, en effet, les monarchistes de toutes les couleurs, prétendus conservateurs, voter pour les représentants de la politique la plus révolutionnaire, afin d'arriver au bien par l'excès du mal. Cette méthode, qui n'est autre que le pessimisme, n'est pas nouvelle ; mais elle fait en ce moment beaucoup de prosélytes dans les rangs des adversaires de la République. Nous entendions, il y a peu de jours, un homme convaincu la résumer dans un mot charmant :

« Ce qu'il faudrait, s'écriait-il, pour rétablir la sé-
« curité publique, ce serait un bouleversement général. »
Pauvres gens ! Est-ce qu'ils ne sentent pas qu'au milieu de ce bouleversement, des républicains exaltés, poussés à bout, pourraient être tentés de renouveler les excès criminels de 93 ?

Quel est le parti qui serait à même d'arrêter ces horreurs ?

Les légitimistes ? Leurs chefs sont dévoués et convaincus ; mais c'est une armée sans soldats.

On peut en dire autant des orléanistes.

Restent les napoléoniens ; mais, pour cela, il faudrait commencer par s'emparer du pouvoir. Or, sans compter,

2

bien entendu, les républicains qui lutteraient avec la dernière vigueur, légitimistes et orléanistes peuvent bien s'unir aux partisans de l'Empire pour le renversement de la République, mais non pour le retour de Napoléon IV.

S'il arrivait pourtant qu'à force de manœuvres criminelles, d'audace inouïe, l'Empire revint, sa première nécessité, nécessité impérieuse, serait de chercher à reprendre Strasbourg et Metz. Voilà donc la guerre déclarée. Comment le fils consentirait-il à régner sur la France sans l'Alsace et la Lorraine, dont l'avaient privée la témérité et l'incurie du père ? S'il consentait à vivre sans gloire aux Tuilleries, s'il continuait à gorger, comme par le passé, ses partisans d'honneurs et de richesses, le pays, humilié, ne pourrait supporter longtemps une pareille honte ; et, malgré les poursuites de toute nature contre les adversaires de l'Empire, la guerre civile ne tarderait pas à éclater, et, bientôt après, une nouvelle révolution.

Que faut-il pour n'être pas exposé à de nouveaux et terribles orages ? Que la nation se persuade bien qu'il n'y a de possible que la République, c'est-à-dire le gouvernement du pays par le pays, accessible pour tous. Cette opinion tend à se confirmer ; mais il est encore bon nombre de personnes qui ne s'y rallient pas franchement, par crainte, disent-elles, de la mauvaise queue que traîne après lui le parti républicain. Convenons de bonne foi qu'il en est aucun qui en soit exempt. Quant à celle qu'on reproche à la République, elle est infiniment moins à craindre qu'on se plaît à le proclamer. Il est, en effet, une vérité consolante, c'est que les honnêtes gens sont en infinie majorité dans notre belle et chère France.

Que tous ceux qui doivent la chérir de tout cœur, qui ont intérêt à l'ordre et à la tranquillité, s'entendent, et les perturbateurs du repos public seront bientôt réduits à une impuissance absolue.

Je dois ajouter que ce qui peut nous rassurer, c'est qu'après cinq ans de tâtonnements, d'entreprises contradictoires, d'efforts impuissants et d'attente vaine, on a enfin donné au pays des institutions régulières, on a fait la République. Sans chercher à savoir par quelle suite d'événements la constitution qui nous régit est devenue une nécessité, on est bien obligé de reconnaître qu'il était impossible d'en établir une autre lorsque celle-ci est sortie des votes d'une assemblée qui n'avait rien épargné pour fonder la monarchie. Le sentiment populaire ne s'y est point trompé ; il a compris très-vite que le devoir et l'intérêt de tous étaient de se rallier au seul gouvernement définitif qui eût encore des chances de solidité et de durée. De là le mouvement qui s'est formé dans les différentes classes de la société, et qui gagne chaque jour en force aussi bien qu'en étendue. Après la première hésitation, les départements les plus connus pour leur attachement à la monarchie ont accepté, comme les autres, la forme républicaine. Ainsi, nous venons de voir une circonscription électorale de Bretagne choisir son député parmi le groupe des libéraux les plus résolûment et les plus sincèrement dévoués à la République.

En allant vers les candidats qui promettent de travailler avec une entière franchise à la consolidation de la République, le suffrage universel n'obéit pas à un de ces entraînements aveugles qu'on lui a reprochés bien des fois. L'instinct du pays s'accorde, sur ce point, avec le dessein réfléchi du parti libéral modéré, c'est-à-dire de la fraction la plus éclairée, la plus laborieuse, et en même temps, — ce qui aussi à son importance, — la plus riche de la nation. Les grandes forces sociales de l'intelligence, du travail et de la fortune, sont mises au service de la République. Qu'on jette les yeux sur les hommes qui s'efforcent d'affermir les institutions nouvelles, on y trouvera, à côté des républicains de la veille, devenus plus sages par la pratique des affaires et le sentiment de la responsabilité, cette classe nombreuse d'administrateurs, de professeurs, d'hommes de lettres, de savants, d'avocats, de militaires, de commerçants, d'industriels, etc., qui, n'ayant pas de préjugés dans la question de forme de gouvernement, est prête à soutenir tout pouvoir capable d'assurer au pays une existence prospère sous des lois sages. L'histoire de ces dernières années nous a fait assister à la conversion lente, mais constante, des monarchistes constitutionnels en républicains conservateurs. Lorsque M. Thiers, avec une merveilleuse perspicacité que les événements ont justifiée d'une manière si éclatante, a reconnu que le système monarchique, auquel il avait consacré la plus grande partie de sa glorieuse carrière, avait été irrémédiablement compromis parmi nous, d'où sont venus les collaborateurs qui l'ont aidé à préparer l'avénement de la République ? Qu'étaient-ce que les ministres qui se sont associés à son œuvre, MM. de Rémusat, Dufaure, Casimir Périer, Léon Say, etc ? Qu'étaient-ce que les députés qui l'ont soutenu dans l'Assemblée ; que les publicistes qui l'ont appuyé dans la presse ; que les hommes qui l'ont applaudi dans le pays ? Si l'on citait les noms, on serait frappé de rencontrer, sur cette liste des républicains du lendemain, presque tous les grands serviteurs de la monarchie constitutionnelle, ou leurs descendants. Placés entre la Légitimité, l'Empire et la République modérée, les véritables libéraux, ceux qui mettent au-dessus de leurs préférences ou de leurs ambitions particulières l'intérêt de la nation, devaient-ils, pouvaient-ils hésiter ? Pouvaient-ils, sans commettre une faute contre la logique, aussi bien que contre le patriotisme, remonter au-delà de 1830, ou redescendre jusqu'en 1852 ? Aussi les avons-nous vus tour à tour, les uns avec la promptitude que donnent la netteté de l'esprit et la décision du caractère, les autres avec la lenteur qu'inspirent aux cœurs hésitants les regrets du passé, venir prendre rang dans la majorité républicaine. Les élections générales ont hâté l'évolution, en prouvant aux retardataires qu'il fallait aller plus vite s'ils voulaient suivre la marche du suffrage universel. Depuis la réunion des nouvelles Chambres, et malgré les efforts des partis vaincus, pour effrayer le corps électoral sur les conséquences de ses votes, le flot n'a pas cessé de grossir dans le pays, et c'est presque toujours des anciens monarchistes constitutionnels qui sont venus en précipiter le cours.

Tout semblerait donc devoir assurer la consolidation de la République. Mais il est infiniment essentiel que les républicains de toutes les couleurs ne perdent pas une seule minute de vue que la carrière du président, toute remplie d'efforts militaires, n'a pas été consacrée au culte et à l'étude des combinaisons de la politique et des équilibres parlementaires, et que, par conséquent, il est, plus que tout autre chef d'État peut-être, enclin à laisser surprendre sa bonne foi, et à apposer sa signature au bas de doctrines et de théories dont dés conseillers d'un gouvernement occulte connaissent bien mieux que lui les effets sensibles et toutes les difficultés.

Que tous les partisans du nouvel ordre de choses, — je ne saurais assez le répéter, — se gardent bien d'oublier que le président, peu, ou même pas républicain, s'est prêté aux intrigues du trop habile de Broglie, intrigues funestes qui amenèrent la chute de M. Thiers de la présidence, le 24 mai 1873. Il est juste de dire que ce patriote par excellence, si illustre à tant de titres, voulait un peu trop régenter la Chambre, et qu'il avait le tort de menacer à chaque instant de sa démission. Contre son attente, il fut enfin pris au mot, et remplacé par le maréchal de Mac-Mahon, célèbre par la victoire de Magenta, victoire dont l'éclat a été prodigieusement éclipsé par la désastreuse défaite de Sedan.

Tels étaient les avertissements que, dans ma prévoyance patriotique, je me permettais, déjà depuis plusieurs mois, de donner, dans mon analyse des Révolutions françaises, à des gens qui en savent infiniment plus que moi. Je crains fort, pour la tranquillité du pays, d'avoir été trop bon prophète.

Nous voyons, en effet, dans le *Journal officiel*, la révocation du ministère Jules Simon, et les décrets constituant le nouveau cabinet. Deux noms suffiraient pour caractériser le ministère : celui de M. le duc de Broglie, nommé président du conseil avec le portefeuille de la justice, et celui de M. de Fourtou, qui redevient ministre de l'intérieur. Ils représentent tous les deux l'hostilité contre les institutions républicaines ; de plus, M. de Fourtou semble destiné, par ses opinions et par son passé, à exercer, aux élections futures, une pression dans le sens bonapartiste. Deux membres du ministère Buffet, renversé par les élections générales de 1876, rentrent aux affaires : M. Caillaux, du centre droit, qui devient ministre des finances, et M. de Meaux, de la droite, qui reçoit le portefeuille de l'agriculture et du commerce. Enfin, deux sénateurs entrent pour la première fois aux affaires : M. Pâris, comme ministre des travaux publics ; M. Brunet, comme ministre de l'instruction publique, des beaux-arts et des cultes. M. Brunet, ancien magistrat, entré dans la vie politique aux dernières élections générales, est, comme on le sait, un bonapartiste. Quant à M. Pâris, il fut, on se le rappelle, rapporteur de la commission des Trente, et déclara, en cette qualité, lors de la discussion sur la révision, « que la forme même du gouvernement pourrait être l'objet d'une révision. » Deux seulement des membres du ministère Jules Simon font partie du cabinet de Broglie : M. le général Berthaut, ministre de la guerre, qui est, en outre, chargé de l'intérim de la marine jusqu'à la nomination du successeur de l'amiral Fourichon, et M. le duc Decazes.

Le bonapartisme, la droite et le centre droit sont, comme on le voit, seuls représentés dans le cabinet. Ajoutons que deux députés seulement figurent sur la liste des ministres : M. le duc Decazes et M. de Fourtou.

La Chambre des députés devait, comme on le pense bien, être justement alarmée de ce véritable gouvernement de combat, formé sous les mêmes inspirations, dans les mêmes vues, et presque avec les mêmes hommes qu'au 24 mai 1873. Réunie le 13 mai, M. Gambetta prononce un discours où se révèlent les plus brillantes

qualités oratoires du leader de la gauche. On passe à
l'ordre du jour, ainsi conçu :

« La Chambre,

« Considérant qu'il lui importe, dans la crise actuelle,
« et pour remplir le mandat qu'elle a reçu du pays, de
« rappeler que la prépondérance du pouvoir parlemen-
« taire, s'exerçant par la responsabilité ministérielle,
« est la première condition du gouvernement du pays
« par le pays que les lois constitutionnelles ont eu pour
« base d'établir,

« Déclare que la confiance de la majorité ne saurait
« être acquise qu'à un cabinet libre de son action et ré-
« solu à gouverner suivant les principes républicains,
« qui peuvent seuls garantir l'ordre et la prospérité au
« dedans et la paix au dehors,

« Et passe à l'ordre du jour. »

Cet ordre du jour est adopté par 347 voix contre 144 ;
et nous avons la douleur de dire que notre département
n'a nommé, ce que nous savions déjà que trop, que deux
représentants républicains, Garrigat, Montagut. Avis
aux électeurs.

Quelle a été la conduite du ministère ? Sachant très-
bien qu'il ne tiendrait pas devant la Chambre l'espace
d'une séance, il a prorogé le Parlement. Mais la prorogation ne peut durer qu'un mois, d'après la Constitution,
car enfin il y a encore, et malgré tout, la Constitution ;
il est vrai que la prorogation est possible deux fois, mais
deux fois seulement, et alors c'est la dissolution qu'il
faut prononcer.

Mais cela, c'est l'avenir, et un avenir qui sera la revanche retentissante du présent. Le présent, c'est le

triomphe de la coalition de droite ; mais tout donne la certitude que ce triomphe sera de courte durée. A l'intérieur, nous ne sommes pas inquiets : il y aura bientôt des élections municipales, des élections de conseillers généraux, enfin des élections générales qui se feront dans trois mois, d'après la Constitution. La France libérale a attendu cinq ans, elle est de force à attendre cinq mois. Il y a, paraît-il, encore des gens assez aveugles ou assez infatués pour s'imaginer que la France, appuyée sur une Constitution républicaine dont elle est seule maîtresse, à peine sortie des élections du 20 février où elle s'est reconnue et retrempée, prête à les refaire contre M. de Broglie comme elle les a faites contre M. Buffet ; que cette France, clairvoyante, patiente, résolue, irait, d'un seul coup et comme par enchantement, de la République libérale à la réaction monarchique. Nous renonçons à comprendre de pareilles illusions, mais nous sommes bien forcés de constater qu'elles existent, et même qu'elles gouvernent.

On ne nous parlera plus sans doute de règles constitutionnelles observées, de prérogative présidentielle régulièrement exercée, de traditions parlementaires respectées. Le ministère qu'on nous inflige est juste le contraire de celui que les vœux de la majorité nationale et parlementaire pouvaient légitimement réclamer . Le chef de l'État forme un cabinet qu'il satt fort bien n'avoir pas de majorité , et qu'il prend exclusivement partout ailleurs que dans la majorité ; il installe, sous la République, un ministère dont aucun membre n'est républicain ; et tout ceci se passe au moment où l'Europe assiste anxieuse au développement d'une guerre dont nul ne peut annoncer la fin, poser les limites, prévoir l'issue. C'est à l'heure où nous devions nous recueillir dans la sagesse, la concorde et la paix, qu'on va nous jeter dans la confusion des luttes électorales et des troubles civils.

D'où peut provenir une conduite aussi insensée, on pourrait même dire aussi criminelle ? Il faut déclarer, en toute vérité, et sans haine contre la religion, que ceci est l'œuvre du parti ultramontain, impatient de prendre contre la Chambre des députés une revanche de l'ordre du jour du 4 mai sur l'interpellation Leblond, relative à certains écrits de quelques évêques.

Ceci me remet en mémoire les sages paroles d'un prêtre, aussi pieux qu'éclairé, qu'il m'avait été donné de voir fréquemment, et qui m'honorait de son amitié. « Qu'il est à regretter, mon cher Deiche, me disait-il sou-« vent, que des ministres d'un Dieu de paix et de concorde « se mêlent avec passion à toutes ces questions politiques « qui divisent les hommes, et qui engendrent presque « toujours l'indifférence entre eux, et même la haine ? » Oh ! qu'ils seraient réellement plus puissants, et qu'ils rendraient de plus grands services à la religion du Christ, qui a toujours prêché que son règne n'était pas de ce monde, en s'occupant exclusivement des affaires spirituelles ! Il a, depuis, rendu sa belle âme à Dieu, ce saint homme, qui, s'il n'a pas fait de moi un fervent catholique, n'a pas peu contribué à confirmer mes sentiments religieux. Oh ! qu'il souffrirait de voir le parti clérical attirer peut-être la guerre sur notre malheureux pays !

Qu'on ne s'y trompe pas ; l'Allemagne nous guette. Les cinq milliards qu'elle nous avait imposés, croyant ainsi nous écraser complétement, ont été consacrés par elle à de nouveaux et terribles armements. Il lui en faut d'autres , et, pour cela, rien ne lui coûtera. Cette intention résulte d'un article de la *Gazette de Strasbourg* (officielle). Que tous les Français, quelque soit leur couleur, le méditent profondément :

« La démission de Jules Simon est un pas de plus
« dans la voie où s'est engagé le parti ultramontain en
« France, un pas qui rapproche ce parti du but qu'il
« s'est proposé, et qui est de pousser le président de la
« République à la dissolution de la Chambre. Pour nous,
« et pour l'Italie, qui est notre amie, la tournure que
« prennent les choses nous invite à faire les réflexions
« les plus sérieuses.

« Dans ces circonstances, l'Allemagne ne saurait res-
« ter indifférente ; il faut qu'elle montre la plus grande
« vigilance. Le renvoi du ministère Jules Simon est une
« provocation qui est destinée contre toute autre chose
« encore que la majorité libérale de la Chambre fran-
« çaise, et dont les conséquences pourront s'étendre bien
« au delà des frontières de la France. »

Que tous les Français, nous ne saurions trop le répéter, réfléchissent sur cet article, qui est on ne peut plus significatif.

Que le président de la République surtout se livre aux plus profondes méditations sur ce passage de la presse officielle de Strasbourg. Il ne peut manquer d'être bien convaincu que l'Allemagne souhaite ardemment de voir la France engagée dans une guerre quelconque, soit qu'elle la déclare elle-même, soit que, grâce aux suggestions du trop fameux Bismarck, elle nous soit déclarée par toute autre nation, l'Italie, par exemple, à qui on cherchera à persuader que l'ultramontanisme français en veut à son existence.

Que le président de la République se garde surtout de se laisser séduire par les flatteries intéressées des Broglie et Fourtou, qui lui ont, dit-on, persuadé que la majorité des députés n'est venue à la Chambre que parce qu'elle s'est appuyée de son nom.

Qu'il se garde bien de suivre l'avis de conseillers perfides et aveugles, qui le poussent à découvrir sa personnalité en laissant la nation juge entre lui et les représentants qu'elle a nommés le 20 février dernier. Comme nous l'avons déjà dit, on ne conçoit pas qu'il y ait des gens assez aveugles ou assez infatués pour s'imaginer que la France, appuyée sur une Constitution républicaine dont elle est seule maîtresse, à peine sortie des élections du 20 février, où elle s'est reconnue et retrempée, prête à les refaire contre M. de Broglie comme elle les a faites contre M. Buffet ; que cette France, clairvoyante, patiente, résolue, ira, d'un seul coup, et comme par enchantement, de la République libérale à la réaction monarchique. Que le Président soit bien convaincu que les ouvriers des villes, et même les paysans, indignés des menées ultramontaines, lui préféreront, malgré l'éclat de son nom, les 347, qui seront renommés comme le furent, en 1830, les 221.

Que Dieu veuille bien pénétrer de cette vérité le maréchal de Mac-Mahon, si soucieux jusqu'ici de son renom d'honnêteté. S'il donne, au contraire, suite à son espèce de coup-d'État, à cette sorte de coup de sang auquel on le dit malheureusement sujet, que les élections soient désormais notre préoccupation majeure : nous aurons bientôt devant nous les Broglie et les Fourtou, jouant leur *va-tout*, et dont l'unique mission sera d'effacer le vote du 20 février ; c'est elle qu'il s'agit de neutraliser par la parole, par la plume, par l'effort soutenu, énergique, patient, dont la France a déjà donné le spectacle et recueilli les fruits ; que le pays sache rester lui-même, qu'il soit aujourd'hui, comme il y a quatre ans, ferme dans la sagesse et la modération ; qu'il repousse les mauvais conseils de la passion et de la colère ; que, cette fois encore, il veuille, il sache attendre, et, avant que cette année ne s'écoule, la politique républicaine, libérale, pacifique et vraiment conservatrice, aura repris sa place et retrouvé ses droits.

Je sais bien que bon nombre de personnes redoutent les prochaines élections générales. Est-il sûr qu'elles soient aussi effrayantes qu'on affecte de le dire ? Non, cela n'est pas sûr. Il y a toujours une grande différence entre des élections générales et des élections partielles.

Dans les élections partielles, quand on est mécontent dn pouvoir ou de l'Assemblée, on choisit les candidats qui leur sont le plus désagréables ; on prend ses candidats dans les extrêmes ; on les prend dans les couleurs les plus criantes, pour que ceux à qui on les adresse les voient mieux ; ce sont des votes de colère et de défi. C'est ce qui a eu lieu dernièrement à Avignon et à Bordeaux. Dans les élections générales, c'est autre chose ; on songe, après tout, que de la future Assemblée dépend la fortune publique et privée ; qu'il dépend de maintenir la paix ou de voter la guerre, guerre étrangère ou civile, d'enrichir ou de ruiner le pays ; qu'il ne s'agit pas ici d'un caprice à se passer, mais d'un mariage qui peut être bon, s'il est bon, et, s'il est mauvais, très-mauvais ;

malgré ses passions, à moins d'être un forcené, on réfléchit.

Aussi est-on constamment étonné, quand ont sort d'une
élection générale, qu'elle soit ce qu'elle est, qu'elle représente une certaine moyenne de sagesse qui s'est dégagée
des excès contraires. Prenons les Assemblées crées depuis
1848, depuis les temps orageux du suffrage universel, il
n'y en a. pas une qui ait pu paraître un instrument de
bouleversement général.

Sans être absolument tranquille sur la prochaine Assemblée, je suis bien loin d'avoir les terreurs anticipées
de beaucoup de personnes. Les hommes prudents, et qui
veulent, avant tout, le repos du pays, ont une conduite
évidemment tracée : prendre, sans être républicains bien
prononcés, leur parti du suffrage universel et de la République, et tâcher que le suffrage universel nous donne
une République vraiment conservatrice.

DEICHE.

1876.

Prenant la plume pour la troisième fois, en 1877, nous
disons qu'il est à souhaiter qu'il ne se trouve pas d'électeurs votant pour le rétablissement du troisième Empire.
Les deux premiers ont été trop funestes à la France pour
ne pas éloigner avec dégoût cette pensée criminelle.

Le général Bonaparte, en effet, si grand par ses nombreuses et brillantes victoires en Italie, possédait, à vingt-
six ans, une réunion de qualités militaires et civiles qui
deviennent souvent dangereuses à la liberté. Nourris-
sant déjà une ambition démesurée, il devait avoir cette
coupable audace d'esprit qui peut porter un capitaine

illustre à ambitionner plus que la qualité de citoyen.

C'est ce qui arriva ; et nous disons, avec la plus profonde douleur et avec la conviction la plus intime, que
Bonaparte est l'homme qui a été le plus funeste à son
pays.

C'est lui qui, sous la République, prit une part considérable dans les fautes reprochées le plus au Directoire.

C'est lui qui l'entraîna dans le système des conquêtes ;

Qui le poussa, au 18 fructidor, dans la voie des coups-
d'État ;

Qui inaugura les usurpations du pouvoir militaire sur
les pouvoirs civils ;

Qui prit l'initiative de la création de ces Républiques
éphémères, première cause de nos revers ;

Qui décida l'éloignement si inopportun de la plus belle
de nos armées ;

C'est lui qui, en Égypte, à la tête de cette armée, y fit,
sans contredit, des merveilles ; mais qui finit par l'aban-
donner, comprenant bien que son ambition ne pouvait
être complétement satisfaite qu'en France.

Dès son arrivée, il se présenta à l'Assemblée : « Pré-
« sident, dit-il à Gohier, les nouvelles qui nous sont
« parvenues, en Égypte, étaient tellement alarmantes
« que je n'ai pas balancé à quitter mon armée pour venir
« partager vos périls. » — « Ils étaient grands, géné-
« ral, répondit Gohier ; mais nous en sommes glorieuse-
« ment sortis. Vous arrivez à propos pour célébrer, avec
« nous, le triomphe de vos compagnons d'armes. »

La nation, composée en partie d'artistes et de soldats,

qui joignait à une vive imagination l'ambition effrénée des jeunes démocrates, humillée, dégoûtée de la mesquinerie des intrigues et de la médiocrité des hommes qui occupaient la scène depuis deux ans, voulait, à tout prix, un héros; elle s'empara de celui qui se présentait à elle, lui prêta libéralement tous les mérites et toutes les vertus, sans se souvenir, un seul instant, de la part considérable que Bonaparte, comme nous venons de le dire, avait eue dans les fautes que l'on reprochait le plus au Directoire.

Bonaparte était trop habile pour ne pas sentir de suite toute sa puissance; il en profita pour se faire nommer consul et, enfin, empereur. Parvenu au comble de ses vœux, il s'appliqua à créer, au milieu de la nation française, une nation, ou, pour mieux dire, une tribu nouvelle, la tribu des fonctionnaires; tribu indifférente à tout, hormis à son intérêt personnel, et n'ayant qu'une pensée, quand les gouvernement s'élèvent, celle de s'élever avec eux; qu'une préoccupation quand ils tombent, celle de ne pas être entraîné dans leur chute. Par l'appât des places ou de l'argent, Bonaparte rassembla les hommes dans une même étable, dans une étable commune.

Grisant le peuple français de victoires, Bonaparte ne le laissa pas songer à la liberté et exerça un vrai despotisme. Il entreprit toutes les guerres qu'il voulut; il ne sembla préoccupé que d'une pensée, celle de faire monter ses frères sur la plupart des trônes.

C'est ainsi qu'usant de la plus insigne mauvaise foi, il fit prisonniers, à Bayonne, des membres de la famille royale d'Espagne, et déclara à cette nation une guerre qui fut, on peut le dire, le commencement de la fin.

C'est ainsi que, malgré cette guerre désastreuse qui dévorait ses meilleurs soldats, il poussa jusqu'au cœur de la Russie une armée qui, affaiblie par un hiver anticipé, périt de misère, ensevelie, en grande partie, sous les neiges.

C'est ainsi qu'après avoir attiré deux invasions sur la France, il la laissa moins forte et moins grande qu'il ne l'avait reçue de la République, à qui il devait tant, et qu'il avait indignement trahie.

Sans entrer dans de plus longs détails, on peut voir que nous avons eu raison de dire que Bonaparte a été l'homme le plus funeste à son pays. Expirant sur les rochers de Sainte-Hélène, il laissa un nom d'un prestige merveilleux, qui devait agir longtemps sur un peuple possédé, en grande partie, d'un esprit de chauvinisme déplorable. C'est grâce à ce nom qu'on a vu régner, en France, le fils du roi de Hollande et de la reine Hortense. Louis-Napoléon, dont la mère disait qu'il dévorerait tous les trésors de la mer, n'eut, dans tous les temps, qu'une pensée, celle d'occuper un jour le trône de son oncle. Il ne cessa, en conséquence, de conspirer, et il entreprit les deux tentatives de Boulogne et de Strasbourg. Au lieu d'être, pour le bonheur de la France, impitoyablement fusillé, il fut renfermé au fort de Ham. Il réussit à s'évader. Après la Révolution de 1848, il fut nommé représentant, et il ne se fit remarquer à la Chambre que par un silence absolu. Il s'agit de nommer un président de la République. Le vertueux général Cavaignac était sur les rangs, et il eut les suffrages de la majeure partie des électeurs éclairés, ainsi que ceux d'un bon nombre d'officiers; mais les soldats et le peuple donnèrent leurs voix à Louis-Napoléon. Nourri dans les intrigues, il chercha surtout à séduire l'armée, et on vit, à Satory, des revues où rien ne fût épargné pour ce résultat. Aspirant à l'Empire, qu'il avait rêvé toute sa vie, il tenta le fameux coup-d'État de 1852. Des députés, des citoyens courageux prirent les armes ; et comme la résistance paraissait prendre quelque consistance, on vint en prévenir le président, qui, seul dans son cabinet, répondit froidement : « Qu'on dise à Saint-Arnaud de faire « exécuter mes ordres. » Or, on prétend qu'il ne s'agissait de rien moins que d'incendier, au besoin, Paris. Cependant, les soldats, gorgés de vin et d'eau-de-vie, se ruèrent sur tout ce qu'ils rencontrèrent, et massacrèrent les passants les plus inoffensifs.

C'est ici le cas de rappeler et de flétrir la douloureuse histoire des serments et des lois violés, des députés de la France jetés dans les prisons, des généraux saisis chez eux et chassés de France, d'une foule désarmée et inoffensive mitraillée sur le boulevard des Italiens, et, enfin, des milliers de familles frappées et ruinées par la proscription, à laquelle, par une profanation coupable, le gouvernement ne craignit pas d'associer la magistrature avilie, sans laisser pénétrer en même temps dans les commissions mixtes l'impartialité, la conscience et l'âme même de la justice. C'est là un crime dont ne se laveront jamais les infâmes parquets de l'Empire.

Malgré toutes ces horreurs, la France, effarée, égarée, aveugle, se laissa faire sans se douter qu'elle acceptait l'aventure sans le génie, et le nom sans le héros. Elle abdiqua, et le suffrage universel ratifia, hélas ! cette abdication, sous l'influence des passions les plus diverses et de fatales illusions qui devaient être cruellement expiées.

Par la plus noire des ingratitudes, le premier soin du nouvel empereur fut de faire saisir et confisquer les biens de la famille d'Orléans. Ici se joua une comédie, célèbre par son jésuitisme. Des ministres, notamment MM. de Morny et Magne, paraissant désapprouver la mesure, donnèrent leur démission ; mais, quelques jours après, ils reprirent leurs portefeuilles. On prétend même que le fin ministre périgourdin fut, en réalité, le rédacteur du rapport lu tout simplement par son cousin, M. Maigne, attaché au Conseil d'État.

Fidèle à ses habitudes de mauvaise foi, l'empereur prononça, à Bordeaux, un discours par lequel il disait solennellement : « L'Empire, c'est la paix. » Ce qui ne l'empêcha pas de porter la guerre dans toutes les contrées.

Ainsi, de concert avec l'Angleterre, il fit l'expédition de Crimée, où furent sacrifiés des hommes et des millions à l'infini. Après la prise de Sébastopol, il intervint, à Paris, un traité relatif à la Mer-Noire ; mais la Russie a réussi depuis à le faire annuler.

Puis est venue la guerre d'Italie. Toutes nos victoires n'y furent dues qu'à la bravoure des soldats. Elles affaiblirent l'Autriche, qui devait avoir bientôt à lutter contre la Prusse. Elles parvinrent, enfin, à faire constituer à nos portes une puissance redoutable, l'Italie, qui, sans unité, ne devait nous inspirer aucune crainte. Tout cela fut dû, en partie, à l'insigne habileté du trop fameux Bismarck, qui, lors de sa visite à l'empereur, à Biarritz, lui promit, dit-on, les frontières du Rhin, et qui, après avoir écrasé les Autrichiens, lui répondit : « Si vous les voulez, venez les prendre. »

Une troisième guerre des plus désastreuses eut lieu au Mexique. Nos trésors y furent engloutis, et notre armée, quoique toujours d'une bravoure à toute épreuve, fut, sur l'injonction du gouvernement des États-Unis, contrainte à rentrer en France.

L'empereur entreprit, enfin, une quatrième guerre que, l'impératrice disait sienne, et qui avait pour but de consolider la dynastie. On ne se rendit aucun compte des armements formidables de la Prusse, et nous pûmes à peine mettre en ligne deux cent cinquante mille hommes. Sans plan de campagne, sans généraux habiles, nos soldats furent partout admirables de courago ; mais ils furent partout écrasés par des forces bien supérieures. Le commandement général d'une armée avait été confié au maréchal Bazaine, si célèbre depuis par son infâme trahison. Désireux avant tout d'être maître absolu, il fit en sorte que l'empereur allât rejoindre une seconde armée commandée par le maréchal de Mac-Mahon. A la suite de quelques événements militaires, Bazaine fut obligé de se retirer sous les murs de Metz. On espéra un moment lui porter secours, et le ministre de la guerre, Palikao, chargea de cette tâche difficile la seconde armée réunie à Châlons. Si, par impossible, elle eût été sous les ordres du jeune et illustre capitaine qui, sous la République, faisait si brillamment triompher nos armes en Italie, ou si tout autre général moins célèbre, sans doute, mais doué d'une heureuse audace, avait été à sa tête, il aurait, au lieu de Sedan, marché sur Paris. Réuni à cette généreuse armée de la Loire, qui vainquit à Coulmiers, il n'était pas impossible, ainsi que le confessent quelques écrits allemands, que la France ne fût sauvée. Cet immortel sauveur, s'adressant à la nation, se serait alors écrié : « J'ai transgressé des ordres, mais j'ai sauvé « le pays ; montons au Capitole. »

A quoi tiennent quelquefois les destinées des empires !
Le maréchal de Mac-Mahon, brave entre tous, ne fut pas
illuminé de cet éclair de génie militaire ; incapable de
cette heureuse audace, qui pouvait tout sauver, il
exécuta servilement les ordres du ministre de la guerre.
La prudence la plus vulgaire lui faisait un devoir de
marcher avec une rapidité inouïe. L'armée faisait pourtant à peine trois lieues par jour. Assaillie, comme
dans un entonnoir, par des ennemis innombrables, sous
les murs de Sedan, elle y fut écrasée, et obligée, malgré
des efforts héroïques, de se rendre prisonnière ainsi que
l'empereur.

Tout n'était pas définitivement perdu ; mais il fallait
compter sur Bazaine, qui était encore à la tête de deux
cent mille soldats disciplinés et aguerris. Qu'attendre,
hélas ! de l'homme dont la conduite avait été si téné-
breuse au Mexique ? Une infâme trahison. Traduit, plus
tard, devant un conseil de guerre, il fut condamné à
mort. Toute la nation, approuvant la sentence, vit, avec
une amère douleur, le président de la République, abu-
sant du beau droit de grâce, commuer la peine. Elle
sentait, cette nation généreuse, mais profondément hu-
miliée, qu'il fallait la peine suprême ; que le grand
criminel qui l'avait trahie et égorgée, se vit, en présence
de toute l'armée, arracher une à une ses décorations et
être impitoyablement fusillé. Il n'en fut pas ainsi. Condamné à la captivité dans le fort de l'île Sainte-Margue-
rite, Bazaine parvint à s'évader, et il faut dire que cette
évasion n'a été jamais suffisamment expliquée.

Après la désastreuse défaite de Sedan, la honteuse
capitulation de Metz, c'en était fait de notre malheureuse
et chère France. Paris, qui, pendant six mois, avait sup-

porté toutes les horreurs d'un siége, se rendit, après une défense héroïque, à la merci d'un vainqueur impitoyable. Nous en verrons bientôt les conditions.

L'Empire avait amené ainsi tous ces affreux désastres : il s'effondra dans la honte. La plupart de ses partisans, saisis de terreur, s'empressa de quitter la France. Le trop fameux Rouher, surnommé le second empereur, abandonna pituesement le Sénat qu'il présidait.

Le ministre des finances, M. Magne, surnommé, sous l'Empire, le ministre des emprunts, sentit subitement le besoin le plus impérieux d'aller respirer l'air de la Suisse. Tout en admirant ses merveilleux paysages, il réfléchissait mélancoliquement sur l'instabilité des grandeurs humaines.

Comme nous tenons, avant tout, à être justes, nous devons dire que M. Magne pouvait se consoler en se rendant la justice qu'il ne s'était jamais laissé corrompre par l'appât de l'argent. De l'avis de ses adversaires politiques les plus acharnés, le ministre des finances, instruit des secrets d'État, n'a jamais joué à la Bourse, à coup sûr, et n'a cherché à édifier ainsi une de ces fortunes scandaleuses dont on a vu tant d'exemples. Celle qu'il possède est bien loin d'être énorme, et il ne la doit qu'aux émoluments des hautes et nombreuses fonctions qu'il a remplies, et surtout à une rigoureuse économie dont il avait puisé l'habitude au sein d'une famille laborieuse, autant qu'honnête.

Une infinité de napoléoniens, gorgés par l'Empire, se consolait, jusqu'à un certain point, de sa chute, en disant cyniquement : « Nous avons, pendant dix-huit ans, fait joyeusement la noce. » Ce langage, par trop roturier, peignait fidèlement leur conduite dans les orgies de toutes sortes.

Mais, hâtons-nous de nous détourner de ces scènes dégoûtantes. Occupons-nous du ministère du Quatre-Septembre, dit de la Défense nationale. Il se composa d'hommes tous fort honnêtes et, en partie, célèbres. Parmi eux se distingua M. Gambetta, jeune avocat, qui venait de fonder, à Paris, sa réputation par une éloquente et solide plaidoierie dans une affaire politique. Doué d'un cœur ardent et patriotique, il chercha à ranimer la nation malgré nos défaites. Il espéra un moment qu'elle serait de force à résister avantageusement aux hordes barbares qui nous assaillaient. Vain espoir, hélas! Les descendants des hommes de 89 et de 93 n'étaient pas à leur taille, et ils n'eurent pas le bonheur, comme leurs glorieux ancêtres, de sauver le pays. Il est vrai que ceux-ci ne reculèrent devant aucune nécessité, telle terrible qu'elle pût être. Ils commirent même des crimes. Soyons tous portés à en gémir, mais demandons-nous s'ils n'étaient peut-être pas malheureusement indispensables pour le salut de notre belle France, qui avait à lutter contre tous les rois effrayés des principes qu'elle proclamait. De même que la mère qui enfante dans les douleurs, de même la nation, qui tend à se régénérer par la liberté, doit passer par des déchirements affreux.

Gambetta, comme nous venons de le dire, ne désespéra pas. Il prescrivit le départ immédiat de tous les hommes susceptibles de porter les armes ; mais, malgré la bonne volonté et le courage de la majeure partie, ces soldats improvisés ne purent résister longtemps à de vieilles troupes, aguerries et disciplinées. On fut donc dans la cruelle nécessité de songer à la paix, après une résis-

tance héroïque, qui a fait dire à tous les peuples : « La
« France a succombé faute de préparatifs suffisants :
« *Tout a été perdu, fors l'honneur.* »

Cet éloge si glorieux rejaillit en partie sur Gambetta.
On peut ne pas approuver toutes ses idées politiques ;
mais il serait souverainement injuste de contester son
ardent et courageux patriotisme. Quant à moi, je décla-
rerai ici, aux risques de m'attirer d'irréconciliables ini-
mitiés, que Gambetta a bien mérité du pays.

Je n'envie,

Ni ses brillantes facultés oratoires ;

Ni sa haute position à la Chambre ;

Ni sa science gouvernementale qui grandit chaque
jour par un travail qui peut miner sa vie ;

Ni le rôle élevé que lui réserve infailliblement
l'avenir.

Mais, franchement, ce que j'envie, c'est de n'avoir pas
partagé la gloire d'avoir entraîné la nation à résister,
autant que possible, à l'ennemi.

Il fallut, enfin, la mort au cœur, fléchir devant l'impérieuse nécessité, et songer à la paix. Pour cela, on
convoqua les électeurs du pays, qui, sous l'impression
pénible des circonstances, nommèrent des députés peu
faits pour s'entendre. La Chambre se réunit à Bordeaux,
et il me fut donné d'assister à deux séances bien mémorables :

La première, où, á l'unanimité, moins cinq voix, fut
proclamée la déchéance de l'Empire ;

La seconde, que je n'oublierai jamais, où fut traitée la
question la plus douloureuse, celle de décider si on devait continuer la guerre ou proposer la paix. Le deuil
général qui régnait assombrissait la salle. Députés et

assistants étaient plongés dans la consternation ; et lorsque fut proclamée la terrible nécessité de nous humilier devant nos vainqueurs, bien des sanglots éclatèrent, tous les yeux se mouillèrent de larmes, surtout lorsqu'on vit les infortunés représentants de l'Alsace et de la Lorraine venir à la tribune donner leurs démissions, cruel avant-coureur de l'abandon de nos plus belles et fidèles provinces. Cette noble et sainte mère, la France entière, sentit des tressaillements déchirants en se séparant d'une portion de ses chers et tendres enfants.

La Chambre continua ses travaux ; elle fut ensuite transférée à Versailles. Là, comme il avait été facile de le prévoir, tant les éléments étaient disparates, ne tardèrent pas à éclater de funestes dissentiments. Les légitimistes rêvèrent la monarchie traditionnelle, les orléanistes la monarchie constitutionnelle, les napoléoniens le rétablissement de l'Empire. Restaient les républicains, dirigés, en partie, par le sage M. Thiers, qui était devenu, par raison et par patriotisme, républicain sincère et dévoué.

Cet illustre et grand citoyen avait été nommé président de la République. Il eut à s'occuper des conditions de la paix ; elles furent impitoyables, puisqu'on nous imposa cinq milliards d'indemnité, et, sacrifice bien plus douloureux, l'abandon de l'Alsace et de la Lorraine.

M. Thiers ne désespéra pas de la France dont il connaissait toute la vitalité. Son premier souci fut de purger le pays de la présence de l'ennemi qui le souillait. Un emprunt fut décrété, et, chose digne d'admiration, les Français, vaincus, mais qu'on respectait pour leur héroïque résistance, virent cet emprunt couvert par l'offre de quarante-trois milliards.

Malgré tous ces prodiges de science et d'habileté, les adversaires politiques de M. Thiers ourdissaient ténébreusement une trâme contre lui. Qu'il nous soit humblement permis de dire que l'illustre président de la République voulait un peu trop régenter la Chambre, et la menacer, à chaque instant, de sa démission. Pour le malheur de la France, elle fut enfin acceptée, et M. Thiers, à l'exemple du vertueux Cavaignac, descendit noblement de son siége de président.

Que de nombreux exemples de noire ingratitude éclatèrent à ce sujet ! On vit surtout avec surprise et douleur que le maréchal de Mac-Mahon eût été l'âme de ces honteuses et basses intrigues, en acceptant la présidence de la République. Il n'aurait jamais dû, disait-on, consentir à remplacer le patriote, par excellence, qui l'avait réhabilité de sa défaite de Sedan par le commandement de l'armée qui devait agir contre la Commune.

A propos de ce mot, qui rappelle de si tristes souvenirs, ne craignons pas d'exposer toute notre opinion sur ce drame lugubre. Des criminels, mais en petit nombre, que l'exagération outrée de leurs idées politiques rendait fous et furieux, ne reculèrent pas devant l'horrible pensée d'armer les citoyens les uns contre les autres. Des actes odieux eurent lieu. Honte ! honte éternelle pour l'assassinat des ôtages, pour l'incendie, par le pétrole, de plusieurs monuments de la capitale ! Quant à leurs agents, la plupart étaient inconscients des crimes qu'ils commettaient. Exaspérés par les souffrances d'un siége de six mois, humiliés de l'idée que la présence d'un ennemi barbare souillerait bientôt Paris, croyant agir contre ceux qui avaient provoqué tous les malheurs, ils agirent en aveugles et en insensés. L'expiation devait être terrible. Bon nombre fut massacré par les soldats, rendus furieux par la mort de leurs camarades. Des milliers d'autres furent condamnés par les conseils militaires. Oh ! qu'il a dû y avoir de victimes, qui ne le sont devenues, — chose horrible à penser, et malheureusement trop fréquente en temps de révolutions — que par là déposition mensongère d'ennemis personnels !

Il est temps, enfin, de faire grâce à tous ces malheureux ; qu'ils rapatrient leur pays ; qu'ils viennent, le cœur battant de gratitude, consoler et embrasser tendrement des êtres qui avaient souffert autant qu'eux, pères, mères, femmes, enfants.

Je sais bien qu'on objecte que tous ces déportés ne rentreraient en France que pour la plonger dans de nouvelles convulsions. Ceci est l'effet, ou d'une terreur absurde, ou d'une criminelle mauvaise foi. Qu'on sache bien que le gouvernement républicain, le seul, on peut le dire, de tous les gouvernements qui eût eu la force de vaincre et de faire condamner la Commune, ne manquerait pas de la même énergie contre des ingrats.

Ainsi, il n'est aucune raison pour ne pas écouter complétement la voix de la clémence. N'y restons pas sourds, et qu'on fasse disparaître, enfin, à tout jamais, le triste souvenir de nos discordes intestines.

Après la chute de la Commune, le maréchal de Mac-Mahon, se prêtant, comme nous l'avons dit, à des intrigues coupables, fut nommé président de la République. Peu républicain par nature et par goût, il sembla vouloir gouverner constitutionnellement. Il fut bientôt las de cette contrainte, et il composa le fameux ministère de combat que les élections de 1876 renversèrent. Le président vit, avec un profond chagrin, presque avec effroi, ces élections ; mais, devant cette imposante manifestation nationale, il se décida à plier et à attendre. Au début, il se contenta de contester au ministère républicain que les circonstances lui avaient imposé le changement des fonctionnaires publics, même les plus compromis ; mais, chaque jour, les griefs s'accumulaient dans son esprit, à mesure que se présentaient des questions touchant l'Université, le clergé et la politique républicaine de la Chambre des députés. Ces griefs devaient aboutir à une rupture ; elle éclata bientôt. Parmi les causes qui devaient appeler M. de Broglie aux affaires, la plus active et la plus immédiate fut la résistance énergique des ministres et de la Chambre des députés aux empiètements de l'Église sur les droits de l'État et de la société civile.

Aussi ne tarda pas à paraître la fameuse lettre du 16 mai à M. Jules Simon, président du conseil. M. le maréchal de Mac-Mahon allègue deux motifs aussi futiles l'un que l'autre : une discussion insuffisante du projet sur la presse, et l'attitude de M. Jules Simon dans un débat sur l'organisation municipale, alors qu'aucune des dispositions votées par la Chambre n'avait de caractère définitif.

On vit aussitôt après apparaître un ministère composé d'hommes rivalisant de haine contre la République. Parmi eux figuraient :

M. de Broglie, qui avait déjà donné un indigne et honteux démenti aux principes constitutionnels de son illustre père.

M. de Fourtou, avocat à Ribérac, apte, sans doute, à discuter très-brillamment une grave question de mur mitoyen, mais n'ayant aucune des connaissances qui sont l'apanage indispensable pour l'homme d'État. Dévoré d'une ambition démesurée, il n'avait qu'un but, acquérir une réputation colossale. Ce but, il l'a atteint, et on dira, désormais, partout et toujours, que le ministre de l'intérieur de 1877 était, plus que qui que ce soit au monde, d'une vanité et d'une violence inouïes. Assez; respect pour la mort. C'est aujourd'hui, et à tout jamais, un homme à la mer; triste vicissitude des choses d'ici-bas !

Composé, comme l'était le ministère du 16 mai, il devait être entraîné dans cette guerre aux consciences à laquelle nous avons eu la douleur d'assister. Il était forcément condamné à pousser le gouvernement personnel de 1877 à des abus d'influence, et à un arbitraire perfectionné, inconnu aux deux gouvernements personnels de 1829 et de 1852. Rien n'a été épargné ;

Un bouleversement de l'administration publique, tel que les révolutions seules en avaient vu de semblable ;

La politique, épurant la magistrature amovible jusque dans les modestes fonctions des justices de paix, devenues, par une coupable antimonie, des instruments de guerre ;

Des institutions respectées jusque-là, l'Université, le corps des ponts et chaussées, les finances, troublées dans le cours naturel de leurs travaux par une inquisition personnelle ou des missions humiliantes ;

Il n'est pas un département où les maires, les employés de tout ordre, les sociétés de secours mutuels, les syndicats professionnels, les comices et les orphéons, les franc-maçons et les cercles, n'aient été soumis à cette inquisition, où le ridicule se mêlait à l'odieux.

Tels furent les procédés par lesquels le ministère s'efforça de mettre à profit le long silence auquel il condamna la voix de la France elle-même, en éloignant le moment de comparaître devant le suffrage universel, auquel, avait-il dit d'abord, « il s'empresserait d'en appeler. »

Quels regrets un tel spectacle n'a-t-il pas dû faire naître parmi les dissolutionnistes du Sénat, jusque-là fidèles aux idées libérales ! Qu'ils ont dû reporter, en effet, leurs regards vers la monarchie constitutionnelle de 1830, vers ces souvenirs que leur passé, leurs anciennes opinions ou leurs noms seuls, ne peuvent leur permettre d'oublier ! Espérons qu'ils ont relu les paroles que prononçait alors le plus grand ministre de ce régime, cet ami convaincu et fidèle de la liberté. Dans un discours prononcé le 27 août 1831, à la Chambre des députés, l'illustre Casimir Périer disait : « Quelque excellente que soit une institution, « le pouvoir ne saurait l'imposer de vive force et contre « son gré. » Il disait encore, le 26 décembre 1831, à la Chambre des pairs : « L'opinion du pays devient impé- « rieuse dès qu'elle est dominante. Son universalité fait « sa force. Alors même, elle change de nom et devient « nécessité. »

Après les délais inconstitutionnels, apparut, enfin, le jour de la justice et du droit. Le gouvernement semblait espérer que le peuple, surtout celui de Paris, sortirait des bornes de la patience et de la modération. Vain espoir ! La nation entière offrit le spectacle bien digne d'admiration, et bien surprenant chez des hommes ardents et impétueux, d'une résignation qui ne faillit pas un seul instant. C'est qu'elle se sentait munie d'une arme terrible, quoique pacifique, le bulletin de vote ; et lorsque le 14 octobre arriva, elle décida, à une grande majorité, que le gouvernement personnel était un vain mot, et le gouvernement du pays par le pays sortit triomphant des urnes.

Après cette imposante manifestation nationale, on pouvait croire être, enfin, débarrassé de ce ministère néfaste. Pas du tout. Les Broglie, les Fourtou et leurs dignes accolytes, s'acharnèrent encore contre leur proie, le pays, qu'ils comptaient bien, en anéantissant d'abord toutes ses libertés, faire plus tard à leur image. Il fut décidé, en conséquence, qu'ils présideraient aux élections départementales. Les mêmes manœuvres frauduleuses furent employées, et on répéta, à satiété, aux fonctionnaires de tout ordre, que le président, bien décidé, quoi qu'il arrivât, à les soutenir, leur tiendrait le plus grand compte du zèle ardent qu'ils pourraient déployer. Ils n'y faillirent pas ; mais la République eut encore le dessus.

Cette nouvelle défaite amena la chute, si désirée, des ministres du 16 mai. Alors apparut, à l'*Officiel*, le ministère qui, par une cruelle ironie, s'intitulait lui-même le ministère d'affaires. Dès son apparition, on s'écria : « Nous cherchions des ministres, et nous trouvons, tout « au plus, des secrétaires d'État. » Ce ministère éphémère, dont on a pu dire :

Je n'ai fait que passer ; il n'était déjà plus.

vécut à peine quelques jours.

Mais n'a-t-il rien tramé de criminel avant son départ ? L'affaire de Limoges, qui préoccupe, à si juste titre, le public, semblerait prouver le contraire. La Chambre des députés, qui est à même de se réunir, ne peut manquer de nous fournir des renseignements positifs.

Privé de ce ministère, présidé par le lieutenant-général de La Rochebouët et de tant d'autres nullités, le président de la République se résigna, enfin, à former le ministère Dufaure. A l'encontre du terrible mot *jusqu'au bout*, il déclara solennellement, dans son message, qu'il gouvernerait selon la Constitution.

Voilà donc la République établie ; mais, gardons-nous bien de croire que ses ennemis mortels consentiront à désarmer. Non ! mille fois non ! Monarchistes, et surtout napoléoniens, plus furieux que jamais, crieront contre cette infâme République, et s'efforceront, par tous les moyens possibles, de la renverser. Quant aux cléricaux, jésuites presque tous, soit à longues, soit à robes courtes, ils ne manqueront pas de rester fidèles à leur favorite et perfide maxime, faire les morts, et attendre, la rage au cœur, des jours plus propices.

Veillons donc, jour et nuit, avec le plus grand soin ! Veillons encore ! Veillons toujours !

Les partisans de la royauté traditionnelle, et ceux de l'appel au peuple, peuvent faire, tant qu'ils voudront, leurs réserves pour leur principe ou leur système. Il y a un fait incontestable, et même incontesté, c'est que le pays s'est prononcé pour la République, et qu'il faut que son gouvernement soit républicain. C'est ce qui, non-seulement justifie, mais commande impérieusement, le changement presque universel des fonctionnaires. Il ne s'agit pas de crier, selon l'éternelle formule, qu'on désorganise les services publics ; c'est la thèse commode inventée et exploitée par tous les gens en place, qui n'éprouvent aucun scrupule à se faire payer pour trahir. La première condition d'ordre pour un gouvernement, c'est qu'il ne soit pas servi par des agents en conspiration permanente contre lui.

Mais, disent très-modestement une infinité de réactionnaires que nous connaissons, comment se fait-il que les emplois soient donnés à des hommes sans études et sans instruction, tandis qu'il serait facile d'en trouver ailleurs. De ce langage découlent naturellement deux conséquences :

La première, vieille comme le monde :

Nul n'aura de l'esprit que nous et nos amis.

La seconde, que nous hésitons à énoncer, tant nous serions profondément marris de paraître penser le moindre mal des honnêtes et intrépides anti-républicains qui devaient tout pourfendre. Mais, que voulez-vous ? Il est fort possible que notre langue démange, et que, la mort au cœur, nous dévoilions toutes nos pensées. Nous avons une excuse, peu orthodoxe, il est vrai. Nous sommes, — mais, comment oser le dire, tant nous craignons, à moins d'être amplement exorcisés, d'être considérés comme absolument possédés du mâlin esprit ! — nous sommes, disons-nous, et ce, malgré la plus énergique résistance, fatalement poussés par le diable.

C'est lui encore qui leur souffle à l'oreille : « Allons,
« mes bons petits amis, vous qui êtes mes plus vieilles
« connaissances et les plus intimes, réfléchissons un peu,
« et voyons, en nous concertant ensemble, s'il n'y aurait
« pas un moyen plus ou moins malhonnête de retirer un
« profit quelconque de cette abominable République, que
« vous maudirez mentalement, en attendant de la trahir.
« Disons, en riant sous cape, qu'elle le mérite bien pour la
« stupidité, entre autres causes, d'ajouter foi à nos ser-
« ments. »

Ce langage, il faut en convenir, est assez séduisant ; et puis le démon est un si grand tentateur ! Nous tremblons donc de tous nos membres que ces dragons de vertu polique ne finissent par se dire : Eh bien ! après tout, Henri IV a dit : « Paris vaut bien une messe. » Nous ne sommes pas d'aussi noble origine que le célèbre huguenot. Nous ne devons pas aspirer à ce qu'une capitale soit le prix de notre trahison. D'ailleurs, il n'y en a pas malheureusement pour tous. Mais il reste des emplois de substituts, d'avocats ou de procureurs-généraux, des places de percepteurs, de receveurs particuliers et de trésoriers-généraux. Il est, au pis aller, des fonctions bien plus modestes, entre autres, celles de gardes-champêtres ; et, entre nous, il faut franchement convenir qu'elles seront encore bien au-dessus de nos facultés plus qu'ordinaires, et qu'elles paieront trop largement nos consciences, qui ne demandaient que l'occasion de se vendre.

Il est fort à craindre que tous ces rêves, plus ou moins beaux, ne s'évanouissent en fumée. Il est, en effet, un grand nombre de républicains de la veille, intransigeants par nature et par habitude, qui proclament bien haut que les emplois ne doivent être donnés qu'aux hommes de leur trempe.

Nous devons ici déclarer franchement que nous ne saurions partager cette opinion ; et, comme le naturel revient toujours au galop, nous devons dire que, de radicaux qu'il nous semblait à nous-même être devenu, par suite de la crise dangereuse et cruelle que nous venons de traverser, nous revenons aux principes professés par le centre gauche. C'est que, selon nous, la France, qui a soif, avant tout, d'ordre et de liberté, est centre-gauche et républicaine.

Telle est, après y avoir bien réfléchi, notre opinion. Nous ne saurions, comme nous l'avons dit ailleurs, partager l'ancienne politique républicaine, celle qui dit superbement : « Tout de suite ou jamais! Tout ou rien! » Nous croyons, nous, qu'entre tout ou rien, il y a place pour quelque chose indéfiniment progressif. Nous croyons qu'il est des mesures graves qui ne peuvent être adoptées qu'après de longues et mûres réflexions. Nous croyons que le temps amènera tôt ou tard la discussion de questions intéressant au plus haut degré la société elle-même. C'est ici plus que jamais le cas de ne pas suivre en aveugles l'ancienne politique républicaine, qui dit superbement : « Tout de suite ou jamais ! Tout ou rien ! »

Pour le moment, il nous paraît sage de répéter que la République est ouverte, que chacun peut y entrer, que nous n'en repoussons personne, pourvu que l'on vienne à elle avec des sentiments sincères et sans arrière-pensée de retour. Et ce n'est pas seulement une vaine déclaration, un programme artificiel, qui ne trouve aucune sanction dans les faits. On a remarqué que, parmi les fonctionnaires choisis depuis la formation du cabinet Dufaure, se rencontraient un grand nombre d'hommes qui ont professé jadis des opinions monarchistes. Plusieurs des nouveaux préfets, des nouveaux secrétaires-généraux, ont été autrefois des partisans avoués de la monarchie constitutionnelle ; plusieurs même étaient déjà dans l'administration sous l'Empire. Était-ce une raison pour repousser leurs services, pour refuser de croire à leur bonne foi et à leur bonne volonté? Non, certes. Nous avons protesté bien des fois contre les prétentions de ceux qui voulaient exclure les républicains des charges politiques sous le gouvernement actuel ; nous n'avons jamais, par un excès contraire, demandé la mort administrative de tous les anciens monarchistes. A la République sans les républicains a succédé, à juste raison, la République avec les républicains et tous les hommes décidés à respecter la volonté nationale. Les derniers venus seront accueillis avec la même faveur que les ouvriers de la première heure.

Ces assurances, toutes de paix et de conciliation, seront-elles de nature à faire impression sur l'esprit de la bourgeoisie ? Que des Crillon et des Montmorency maudissent franchement la Révolution de 1789, cela se conçoit ; mais qu'ils trouvent de fougueux imitateurs dans un grand nombre de bourgeois, c'est vraiment à ne pas y croire. Peut-il y avoir d'exemple plus frappant d'ingratitude et de stupidité ? Que seraient-ils, pour la plupart, aujourd'hui, ces hommes aveugles ou de mauvaise foi ? Comme leurs malheureux pères, de misérables cordonniers, de mauvais petits charrons, de tristes marchands colporteurs, portant leurs ballots sur le dos ; de pauvres cultivateurs, labourant péniblement la terre, dont ils ne devaient jamais espérer d'acquérir une simple parcelle ; des ouvriers, hâves, déguenillés, courbés sur des instruments ruisselants de leurs sueurs. Maintenant, grâce aux bienfaits de la Révolution, ils ont acquis de la fortune ; gonflés d'orgueil, ils soupirent, faute de mieux, après l'insignifiante particule ; ils sont tout fiers et tout heureux de se frotter à de prétendus nobles ; et ceux-ci les regardent, le plus souvent, du haut de leur grandeur, se souvenant de la piètre extraction de leurs courtisans, espérant ainsi, à force d'arrogance, mais en vain, faire oublier la leur.

Si les bourgeois bénissent peu, comme nous venons de le voir, notre glorieuse Révolution de 89, cléricaux, monarchistes, napoléoniens, renchérissent à l'envi. Ils ne savent que rappeler, comme condamnation suprême de la République, les crimes de 93, et les horreurs de la Commune.

Nous rappellerons, à notre tour :

Aux cléricaux, la prétendue Saint-Barthélemy ;

Aux monarchistes, la Terreur blanche, après le retour des Bourbons ;

Aux impérialistes, l'exclusion de la Chambre des députés de la France, leur arrestation nocturne, leur exil sans jugement, et les assassinats commis sans pitié sur une infinité de personnes inoffensives.

Ce qui prouve que, dans tous les temps, et sous diverses couleurs, les partis ont été injustes et cruels.

Bannissons, au plus vite, tous ces souvenirs déchirants. Que Dieu fasse que tous les Français mettent, enfin, un terme à leurs discordes, et qu'ils se tendent fraternellement la main !

C'est dans cet esprit que j'ai écrit le résumé des Révolutions françaises depuis 1789 jusqu'à nos jours. Je l'ai fait sans partialité, sans passion, et surtout sans haine, plaignant l'erreur, révérant la vertu, flétrissant le vice, et admirant la grandeur véritable.

Ce travail a duré près de six ans ; je l'avais entrepris pour l'instruction de mes bons petits enfants, que j'aime tant. De l'avis de quelques amis, il sera publié prochainement en trois volumes. Que ne suis-je assez riche pour en offrir un exemplaire à chacun des instituteurs de nos trente-six mille communes ! De bons esprits, parmi lesquels il m'est permis de ranger des personnages éminents, pensent qu'il serait utile d'instruire les fils des ouvriers et des cultivateurs de tous les bienfaits de notre immortelle Révolution. Les pères les apprendront de leur bouche, et ils se rattacheront tous à une République conservatrice, mais très-ferme. Ainsi seront assurés pour toujours la tranquillité et le repos du pays. Agé de soixante-dix-huit ans, presque au déclin de la vie, que Dieu m'accorde le bonheur infini de voir ces beaux jours, et lorsque le moment fatal arrivera, je pourrai dire : « Je regrette infiniment ma famille et « mes amis ; mais je meurs bien heureux de la paix « profonde de notre noble et belle France, que j'ai tou- « jours chérie de tout cœur. »

DEICHE,

Ancien Magistrat.

Périgueux, le 5 janvier 1878.